NOTES BIBLIOGRAPHIQUES

I

LES

HISTORIENS DE LILLE

PAR

Henri PAJOT

*Si vis profectum haurire, lege
humiliter, simpliciter et fideliter.*
(Imit., liv. I, ch. 5).

DEUXIÈME ÉDITION

AUGMENTÉE.

LILLE,

DE L'IMPRIMERIE D'ÉDOUARD REBOUX

Marché-aux-Poulets, 17.

MDCCCLX

NOTES BIBLIOGRAPHIQUES

I

LES

HISTORIENS DE LILLE

NOTES BIBLIOGRAPHIQUES

I

LES

HISTORIENS DE LILLE

PAR

Henri PAJOT

Si vis profectum haurire, lege
humiliter, simpliciter et fideliter.
(Imit., liv. I, ch. 5).

DEUXIÈME ÉDITION
AUGMENTÉE.

LILLE.
DE L'IMPRIMERIE D'ÉDOUARD REBOUX
Marché-aux-Poulets, 17,

MDCCCLX.

1860

Es quelques notes n'ont guère besoin de préface; rassemblées au fur et à mesure que nous avancions dans nos recherches sur l'histoire du pays, nous les avons réunies comme elles se sont présentées sous notre plume, sans ordre, et avec la seule prétention d'être utile, s'il se peut, à ceux qui consacrent leurs loisirs à des études historiques.

Comme tout travail de ce genre, celui-ci contient nécessairement des lacunes, et nous verrons avec plaisir qu'une plume plus savante que la nôtre vienne compléter ces documents, ou, au besoin, les rectifier.

H. P.

Juin 1860.

LES HISTORIENS DE LILLE.

I.

Parmi les écrivains à mentionner d'abord, nous remarquerons surtout ceux qui se sont occupés d'une manière toute spéciale de l'histoire de Lille.

1. Lamoot, bibliothécaire du chapitre de la Collégiale de Saint-Pierre, à Lille, a publié un livre, à présent peu connu, qui pourrait, jusqu'à un certain point, donner la marche à suivre à ceux qui tenteraient d'écrire une histoire de notre province. Son ouvrage est intitulé:

> Discours sur l'utilité d'une histoire générale de Flandre et sur la manière de l'écrire; à Liége, chez J.-F. Bassompierre, libraire, 1760, in-18 de 93 pages.

2. Oudegherst (Pierre d'), né à Lille dans la première moitié du xvie siècle, est l'annaliste de Flandre le plus cité; il exerça à Bruxelles la profession d'avocat, et obtint, par la protection d'Alexandre Farnèse, gouverneur des Pays-Bas, la charge de lieutenant du bailli de Tournai et du Tournaisis. On a de lui:

> Les Chroniques et Annales de Flandres, contenantes les héroïcques et très victorieux exploicts des forestiers et comtes de Flandres, et les singularitez et choses mémorables advenues audict Flandres, depuis l'an de Nostre-Seigneur Jésus-Christ VIc et XX jusques à l'an MCCCCLXXVI, nouvellement composées et mises en lumière par Pierre d'Oudegherst, docteur

ès-lois, natif de la ville de Lille ; Anvers, Christophle Plantin, 1571, 1 vol. in-4° de 340 feuillets (680 pages).

Lesbroussart a donné une édition nouvelle des *Annales de Flandres* sous ce titre:

Annales de P. d'Oudegherst, enrichies de notes grammaticales, historiques et critiques et de plusieurs chartes et diplômes qui n'ont jamais été imprimés, avec un discours préliminaire servant d'introduction à ces Annales, par M. Lesbroussart, professeur de poésie au collége de Bruxelles et correspondant du Musée de Bordeaux ; Gand, P.-F. de Goesin, 1789, 2 volumes in-8.

Voyez *Archives historiques et littéraires du Nord de la France et du Midi de la Belgique,* nouvelle série, tome II°, page 365, une remarquable étude sur cet historien, par Darimon *(vide infra,* N° 73).

3. Vander Haer (Floris), trésorier de la Collégiale de Saint-Pierre, à Lille, fut l'ami de P. d'Oudegherst, et, comme lui, il écrivit sur l'histoire de son pays. Son principal ouvrage est:

Les Chastelains de Lille, levr ancien estat, office et famille. Ensemble l'Estat des anciens comtes de la République et Empire romain, des Goths, Lombards, Bourguignons, et au regne d'iceux des Forestiers et Comtes anciens de Flandre : avec une particuliere description de l'ancien estat de la ville de Lille en Flandre, les trois changemens signalez tant d'icelle ville que du Pays, par Floris Vander Haer, trésorier et chanoine de Saint-Pierre, à Lille. A Lille, de l'imprimerie de Christofle Beys, imprimeur et libraire, ruë de la Clef, à l'image de St Luc, MDCXI. Avec privilége de Leurs Altesses Sérénissimes, 1 vol. in-4° de 299 pages.

Des éditions de la même date portent aussi, outre les noms de Christofle Beys, celui de Pierre de Rache. Cet ouvrage, pour être complet, doit contenir six tables généalogiques.

Vander Hader est encore auteur d'autres écrits qui tous sont estimés. Voyez sur cet auteur : *Archives du Nord,* 1re série, tome III, p. 390, et Le Glay, *Mémoires sur les Archives du chapitre de la Collégiale de Saint-Pierre;* Lille, in-8, page 20.

4. Thiroux, tout compilateur qu'il est, ne laisse pas que de renfermer des détails curieux et des renseignements souvent exacts. Il a écrit une histoire de la capitale de Flandre sous ce titre:

Histoire de Lillé et de sa chastelenie, où on voit son origine, l'Estat ecclésiastique séculier, la suite des souverains et les principaux événemens qui regardent la Flandre françoise, les Magistrats et autres Tribunaux de Justice, les Mœurs et Génie des habitans, le Commerce et Manufactures du pays, le Territoire, les Rivières et les Fruits que la terre y produit, les Communautés religieuses, Hôpitaux, Abbayes et Fondations pour les pauvres, le Gouvernement civil et militaire, les Châtelains, Priviléges, Divertissemens des Rois de l'Epinette et Coutumes particulières, etc., le tout tiré des Auteurs du Pays et de plusieurs manuscrits par le Sr···. A Lille, chez Charles-Louis Prévost, imprimeur, aux Armés de la ville de Lille, rue de la Grande-Chaussée, 1730, 1 vol. in-12 de 305 pages.

A cette histoire de Thiroux se trouve quelquefois jointe une petite brochure in-12 de 46 et 12 pages, ayant pour titre :

Dédicaces et Carmesses des villes et chastelenie de Lille, et les Antiquitez de la ville de Lille ; à Lille, chez Gilles Pourchez, libraire, imprimeur dans la Bourse, 1729.

5. Feutry, né à Lille en 1720 et mort en 1789, est surtout connu par ses poésies. Il forma le projet d'écrire une *Histoire de Lille*; un prospectus fut imprimé en 1754.

Consulter : *Archives du Nord*, 1" série, tome 1, et *Revue du Nord*, 1854, 2* vol.

6. Montlinot (Charles-Antoine Leclercq de), né en 1732 à Crépy-en-Valois, mort à Paris en 1801, fut chanoine de la Collégiale de Saint-Pierre, dut résigner son bénéfice à cause de ses tendances philosophiques, et fut même enfermé à la Bastille. La Révolution, qui vint lui en ouvrir les portes, le vit reparaître alors comme journaliste. Il a laissé une *Histoire de la ville de Lille* depuis sa fondation jusqu'en 1434, par M. de M. C. D. S. P. D. L. (Monsieur de Montlinot, chanoine de Saint-Pierre de Lille) et de la Société littéraire d'Arras ; à Paris, chez Panckoucke, 1764, 1 vol. in-12 de 344 pages. — Son penchant à dénigrer certaines corporations religieuses lui suscita grand nombre d'ennemis et de détracteurs. Il ne rentre pas dans notre plan de raconter les luttes que Montlinot eut à soutenir. Nous indiquerons seulement toutes les sources où l'on peut puiser les différents renseignements.

7. WARTEL, de l'abbaye de Cysoing, fut un des plus redoutables adversaires de Montlinot. Il a écrit: -

Observations sur l'histoire de Lille, avec cette épigraphe :

. . . . . Vero verius dicam tibi.
Verum, Gallice, non libenter audis.

A Avignon, chez Barthelémi-Joseph Eméritoni, 1765, 1 vol. in-12 de 228 pag.

Sources à consulter pour Montlinot et Wartel : *Archives du Nord.* 1" série, t. II, p. 133; ibid, nouvelle série, t. II, p. 394; ibid, 1" série, *Hommes et Choses,* pages 23 et 39; ibid, 3' série, t. III, pages 527 et 528; et encore, Le Glay, *Mémoires sur les Archives du chapitre de Saint-Pierre de Lille,* p. 25; *Mémoires sur les Archives de l'abbaye de Cysoing,* p. 15; Dibos, *Nouveau Guide des étrangers à Lille,* pages 186 et 202.

8. JACQUEZ, imprimeur à Lille, a publié:

Guide des étrangers à Lille, ou description de la ville et de ses environs, précédé d'un abrégé de son histoire, depuis son établissement jusqu'à présent. A Lille, 1772, 1 vol. in-12 de 210 pages

9. REGNAULT-WARIN (M.-J.-J.) a écrit un ouvrage dans le même genre que Jacquez, sous le titre:

Lille ancienne et moderne. Lille, Castiaux, 1803, an XII, 1 vol. in-18 de 336 pages.

Les deux ouvrages qui précèdent ne sont bons qu'à consulter.

10. SILVY, membre de la Société d'amateurs des sciences, de l'agriculture et des arts de Lille, a continué l'histoire de Montlinot, autant qu'on peut le voir par quelques extraits et comptes-rendus imprimés dans les *Mémoires de la Société des Amateurs des Sciences,* etc. (1806 à 1811). Silvy a aussi composé un éloge de l'abbé de Montlinot qui se trouve inséré dans ces mêmes *Mémoires.*

11. DIBOS (Emile), officier de grenadiers de la Garde nationale de Lille:

Nouveau Guide des étrangers à Lille, et état présent de cette ville. Lille, Malo, S. D. (1817), 1 vol. in-12 de 234 pages.

Ce travail a peu de valeur; cependant la notice sur les hommes qui ont eu à Lille quelque célébrité peut être consultée.

12. ROSNY (Lucien de), employé supérieur à la maison centrale de détention de Loos, membre de la Société des Antiquaires de la Morinie, de l'Institut historique et de plusieurs sociétés savantes:

1° Histoire de Lille, capitale de la Flandre française, depuis son origine jusqu'en 1830. Paris, Techener, et Lille, Petitot, 1838, 1 vol. in-8° de 281 pages. Ce volume, qui contient plusieurs planches dessinées par Devigne, peintre à Gand, renferme des notes chronologiques d'un véritable intérêt.

2° Des nobles rois de l'Epinette ou Tournois de la capitale de la Flandre française; Lille, Reboux-Leroy, 1836, in-8° de 64 pages et 6 planches, pièces justificatives. 2° éd., 1839.

Et 3° Histoire de l'abbaye de N.-D. de Loos (ordre de Cisteaux et filiation de Clervaux), depuis sa fondation jusqu'à sa suppression. Lille, Leleu et Petitot, et Paris, Techener, 1738, in-8° de 162 pages et une planche.

13. DERODE (Victor), chef d'institution à Esquermes, et actuellement secrétaire perpétuel de la Société dunkerquoise, dont il est le fondateur, a voulu aussi tenir sa place parmi les historiens du pays, et, plus que tout autre, il y a réussi. Nous ne citerons de lui que deux ouvrages:

1° Histoire de Lille, 3 vol. in-8°, avec gravures et planches, 1848; Lille, Béghin.

Et 2° le Siége de Lille en 1792, avec cette épigraphe : *Urbi et orbi*; Lille, Danel, septembre 1842, 1 vol. grand in-8° de 79 pages, avec gravures et *fac-simile*.

Derode a de plus donné une édition populaire de son siége de Lille en 1792 ; Lille, Bronner-Bauwens, 1842, in-32 de 88 pages.

14. BRUNEEL (Henry), homme de lettres à Lille, mort en juillet 1858:

1° Histoire populaire de Lille; Lille, L. Danel, 1848, in-8° de 230 pages.

Bruneel y condense en un volume l'important travail de Victor Derode.

Et 2° Guide de la ville de Lille; Vanackère, in-12 de 276 pages, avec figures et plan.

15. BRUN-LAVAINNE, ex-archiviste de la mairie de Lille, s'est toujours occupé dans ses nombreux écrits de l'histoire

de son pays. Nous ne citerons à présent de lui que ses deux écrits les plus importants:

1° Atlas topographique et historique de la ville de Lille, accompagné d'une histoire abrégée de cette ville, de notes explicatives, de cartes et de vues. Lille, de l'imprimerie de L. Lefort, imprimeur du roi, MDCCCXXX, 1 vol. in-folio.

Au frontispice de cet atlas sont gravées les armes de Lille (Lille porte de *gueules à la fleur de lys d'argent*). Il contient 68 pages de texte, et XLII planches, dont onze plans de Lille (in-plano) à ses différentes époques.

Et 2° les Sept Siéges de Lille, contenant les relations de ces siéges, appuyées de chartes, traités, capitulation et de tous les documents historiques qui s'y rattachent, avec trois plans, aux époques de 1667, 1708 et 1792; Paris, Derache, Lille, Vanackère fils, 1838, in-8° de 496 pages.

Cet ouvrage a été écrit par Brun-Lavainne en collaboration avec son fils Elie Brun.

La *Revue du Nord*, mentionnée plus loin N° 86 et 88, contient nombre d'articles sur l'histoire du pays par Brun-Lavainne.

16. VANHENDE, numismate, a publié:

1° De quelques monnaies frappées à Lille sous la domination des comtes de Flandre. Lille, Vanackère, 1852, brochure in-8° de 19 pages, avec une planche gravée.

Et 2° Numismatique lilloise, ou Description des monnaies, médailles, méreaux, jetons, etc., de Lille, Essai par Edouard Vanhende, avec cette épigraphe : *Propria cures*, S. D. (1858); Lille et Paris, Didron, 1 vol. in-8° de 288 pages et 89 planches.

Cet important travail offre une histoire métallique complète de la ville de Lille.

II.

Après les écrivains qui ont tracé l'histoire d'une ville viennent naturellement ceux qui ont réuni, rassemblé, mis en ordre ou commenté ses coutumes.

Lille, comme toutes les villes importantes, avait aussi ses coutumes et ses priviléges, et nos bourgeois y tenaient tant que Louis XIV crut devoir les respecter lors de sa conquête en 1667, et jurer devant l'autel de Notre-Dame-de la Treille, patronne de Lille, de les maintenir « bien et loyalement. »

Citons quelques-uns de ces écrivains coutumiers, que nous nous permettrons d'appeler *éthologistes* lillois.

17. ROISIN, clerc de la ville de Lille, a réuni une foule de documents relatifs aux matières municipales, ainsi que des règlements de police. On a de lui :

Le Livre de Roisin.

Mss. se trouvant à la bibliothèque de Lille, N° 266, in-fol. vel. Écriture du XIV° siècle. 473 feuillets. C'est le manuscrit original.

Brun-Lavainne, que nous avons cité au N° 15, a donné une édition du Livre de Roisin sous ce titre :

Roisin. Franchises, lois et coutumes de la ville de Lille. Ancien manuscrit à l'usage du siége échevinal de cette ville, contenant un grand nombre de chartes et de titres historiques concernant la Flandre, publié avec des notes et un glossaire. Lille, Vanackère, 1 vol. in-4° de 470 pages, 1842.

Selon Brun-Lavainne, Jéhan Roisin appartient au XIV⁰ siècle, et il est probable que l'œuvre commencée par lui aura été terminée par l'un de ses fils.

18. LEMONNIER (Pierre), notaire à Lille, né en 1552, a laissé un manuscrit intitulé:

Double ou copie du livre dict Roisin, reposant soubz eschevins de la ville de Lille, escrite par maistre Pierre Le Monnier, notaire et bourgeois d'icelle ville, l'an 1617.

Manuscrit de la bibliothèque de Lille, N° 267, in-f°. Belle écriture encadrée du XVII° siècle, 416 feuillets, fleurs de lys avec cette devise : *Virtute lilium florescit*, et ce quatrain :

Ce lys estincelant de divine splendeur
Avant cet univers par ordre politique,
De son prudent sénat, toujours par sa hauteur,
S'augmentera le bruit de ceste république.

Pierre Lemonnier est encore auteur d'un livre petit in-8°, édité chez Christ. Beys, à Lille, 1614, où il relate les impressions d'un voyage qu'il avait fait en Italie.

19. LE BOUCK (Jean), avocat et conseiller pensionnaire de

la ville de Lille, vivait dans la première moitié du xvⁱᵉ siècle; il a écrit:

> Les covtvmes et vsages de la ville, taille, banliev et eschevinage de Lille, avec les commentaires et recoeuils de M. Jean Le Bouck, jᵗᵉ lillois, à Douai, de l'imprimerie de Balthazar Bellère, au Compas d'or, l'an MDCXXVI, 1 vol. in-4° de 462 pages.

20. LE GRAND, avocat aux Parlements de Paris et de Flandre (xvⁱᵉ siècle):

> Les coustumes et loix des villes et chastellénies du comté de Flandre, traduites en françois, auxquelles les notes latines et flamendes de Laurens Vanden Hane, cy-devant advocat au conseil de Flandre, sont jointes; avec des observations sur la traduction, par M. Le Grand, advocat aux Parlements de Paris et de Flandre, en trois volumes. A Cambrai, chez Nicolas-Joseph Douillez, imprimeur du Roy et marchand libraire, MDCCXIX, 3 vol in-fol. à deux colonnes.

Dans le troisième volume se trouve le passage qui a rapport aux coutumes de Lille, à celles de sa châtellenie et les différentes chartes octroyées par les princes ou souverains.

21. HERRÈNG (messire Joseph), trésorier de France, général des finances et grand voyer en la généralité de Lille (xvⁱⁱⁱᵉ siècle), a laissé:

> Le Livre de M. Herreng, des lois et coutumes de la ville de Lille.
>
> Mss. de la bibliothèque de Lille, N° 238; in-f°, rel. vel., une petite fleur de lis sur le plat. La table des chapitres de ce manuscrit serait trop longue à donner ici, nous renvoyons à l'ouvrage de M. A. Le Glay: *Catalogue descriptif des manuscrits de la bibliothèque de Lille*, Lille, Vanackere, in-8°, 1848.

22. PATOU (François) naquit à Lille en 1686. Il fut avocat, conseiller du roi au bailliage de Lille, conseiller pensionnaire de l'État des châtellenies de Lille, Douai et Orchies, et prêta serment en cette qualité le 31 décembre 1721; lieutenant au même siège du bailliage, enfin administrateur de la charité publique. Patou, malgré ces différentes charges, trouvait encore des loisirs pour s'occuper activement de jurisprudence, lorsqu'il mourut, le 24 septembre 1758. Après sa mort, le magistrat de Lille, secondant les louables désirs des amis du défunt, permit l'impression du manuscrit de Patou; l'ouvrage eut pour titre:

Commentaire sur les coutumes de la ville de Lille et de sa châtellenie, et conférence de ces coutumes avec celles voisines et le droit commun, par feu M. Patou, avocat, ancien conseiller du roi au bailliage et conseiller pensionnaire de l'Etat des châtellenies de Lille, Douay et Orchies ; à Lille, chez Dumortier, libraire, vis-à-vis l'église de Saint-Etienne, 1788, avec approbation et privilége du Roi, 3 vol. in-folio à 2 col. de 800 pages chacun.

La réputation de cet ouvrage, d'une utilité constante, est solidement établie.

III.

La monographie des couvents, abbayes ou collégiales n'est pas une des parties les moins intéressantes de l'histoire d'une ville.

Avant 1789, Lille et sa châtellenie possédaient un grand nombre de maisons religieuses ou couventuelles d'où sortirent des hommes distingués par leur science et leurs écrits, et qui firent la réputation de leur ordre en même temps que celle du pays.

En première ligne, nous trouvons la Collégiale de Saint-Pierre, fondée par Bauduin V, comte de Flandre, qui lui octroya sa charte de fondation en août 1066 : C'est à Saint-Pierre que Fénelon prononça son discours au sacre de l'électeur de Cologne, le 1er mai 1707 ; c'est à Saint-Pierre que se trouvait l'autel vénéré de Notre-Dame de la Treille (*Virgo cancellata*) si justement célèbre dans les fastes lillois.

23. CARETTE (Toussaint), chapelain de Saint-Pierre, a écrit une chronique ayant pour titre :

Recueil de plusieurs choses mémorables, tant croniques que

plusieurs choses notables avenues de nostre temps, écrites par sire Toussaint Carette, prêtre chapelain de l'église collégiale de Saint-Pierre de Lille, lequel commence à les écrire le 9 mai 1575, faisant aussi mention du mauvais gouvernement des Espagnols aux Pays-Bas, et comment ils furent déclarez ennemis dud. pays.

Mss. de la biblioth. de Lille, N° 281, in-folio, écriture du XVII° siècle; ce manuscrit provient du chapitre de Saint-Pierre. « Cette chronique est moins une histoire de Saint-Pierre qu'un résumé des annales de Lille. » (L. G.).

24. DELÉCAILLE (Ph.-Joseph), prêtre du diocèse d'Arras, 1767:

Annales de l'église de Saint-Pierre de Lille, depuis sa fondation jusqu'en 1384.

Mss. qui se trouvait dans la biblioth. de M. Févez, propriétaire à Loos, près Lille.

25. TAILLIAR, conseiller à la Cour d'appel de Douai et membre correspondant de la Commission historique du département du Nord:

Notice sur l'ancienne collégiale de Saint-Pierre de Lille, dans ses rapports avec les institutions féodales et communales. Lille, L. Danel, brochure in-8° de 67 pages, 1850.

26. TURBELIN (Pierre), prêtre, chapelain et régent du séminaire de Saint-Pierre, a laissé :

Origine de la confrérie de Nostre-Dame de la Treille, érigée en l'église collégiale de Saint-Pierre, à Lille, et de la procession annuelle de ladite ville, avec plusieurs miracles impétrez par l'intercession de Nostre-Dame en la chapelle dédiée en son honneur en la dicte église de Saint-Pierre. Lille, 1632, in-18.

27. VINCART (le P. Jean), de la Compagnie de Jésus (1593-1679), n'est pas sans réputation, surtout comme prédicateur. On a de lui:

Io. Vincartii Insulani e soc. Jesu b. Virgo cancellata in insigni ecclesia collegiata D. Petri Insulæ cultu et miraculis celebris (avec cette légende : *Dicet habitator hæc est spes nostra*). Insulæ Flandrorum, apud Petrum de Rache, sub bibliis aureis, MDCXXXVI, 1 vol. p. in-4° de 120 pages.

Ce livre a été traduit par le P. Vincart lui-même, sous ce titre:

Histoire de Nostre-Dame de la Treille auguste et miraculeuse dans l'église Collégiale de Saint-Pierre, patronne de la ville de Lille, composée en latin par le P. Jean Vincart de la Compagnie de Jésus, traduite et augmentée en françois par luy-mesme. A Tournay, de l'imprimerie de la veuve Adrien Quinque, à l'enseigne de Saint-Pierre et Saint-Paul, 1671, 1 vol. in-16 de 187 pages.

L'éditeur Lefort, de Lille, vient de réimprimer l'histoire latine de Vincart, 1859, in-4° de 9 f°ˢ, 120 et 26 pages.

Vincart a aussi cultivé la poésie avec quelque succès, et nous renvoyons, pour tous détails à ce sujet, à notre travail bibliographique sur *les Poètes de Lille*.

28. FROMENT (Mᵐᵉ Mathilde) a donné différents ouvrages qui traitent de Saint-Pierre ou de Notre-Dame de la Treille:

1° Essai sur la Collégiale de Saint-Pierre à Lille. Lille, L. Lefort, in-8° de 158 pages, 1850.

Cet ouvrage est dédié à S. Em. le cardinal Pierre Giraud, archevêque de Cambrai.

2° Histoire de Notre-Dame de la Treille, auguste et miraculeuse patronne de la ville de Lille, d'après Turbelin et le P. Vincart, avec approbation de Mgr l'archevêque de Cambrai. Lille, L. Lefort, 1843, 1 vol. in-18 de 184 pages.

3° Histoire de Notre-Dame de la Treille, patronne de la ville de Lille. Lille, E. Reboux, 1851, 1 vol in-8° de 307 pages, avec gravures.

29. PRAT (Armand), avocat:

1° La gloire de Lille, coup-d'œil sur l'ancienne Collégiale de Saint-Pierre, avec un tableau statistique du mouvement religieux dans l'arrondissement de Lille. Lille, L. Lefort, 1856, brochure in-8° de 47 pages.

Et 2° Considérations sur la création d'un évêché à Lille. Lille, E. Reboux, 1856, in-8° de 36 pages.

30. MELUN (le comte de), ancien officier d'artillerie, membre de la Société des sciences, de l'agriculture et des arts de Lille et de la Commission historique du département du Nord, chevalier de l'ordre de Léopold:

Souvenirs historiques de Lille. — Procession de 1598. — Collégiale de Saint-Pierre. Lille, Reboux, broch. de 15 pages (lue en séance publique de l'Association lilloise, le 16 février 1853),

On a encore de lui :

Sœur Natalie, fondatrice de la congrégation des Filles de l'Enfant-Jésus de Lille. Lille, L. Lefort, 1859, 1 vol. in-8° de 226 pages.

(La sœur Natalie, née le 2 août 1778, est morte le 23 février 1858.)

31. CAPELLE (l'abbé), prêtre du diocèse de Cambrai :

Histoire complète des fêtes célébrées à Lille en 1854, à l'occasion du Jubilé séculaire de Notre-Dame de la Treille, patronne de cette ville. Lille, L. Lefort, 1854, 1 vol. in-8° de 220 pages, gravures et fac-simile.

32. FRANCIOSI (Charles de):

Histoire du Jubilé séculaire de Notre-Dame de la Treille (1254-1854). Lille, Ernest Vanackère, juillet 1854, 1 vol in-4° de 200 pages, avec gravures et fac-simile.

33. GRANDEL (l'abbé Jules), de Lille, vicaire à la paroisse Saint-Séverin, à Paris :

Le Doigt de Dieu, ou quelques circonstances remarquables dans l'œuvre de Notre-Dame de la Treille et de Saint-Pierre de Lille. Paris, Le Clère, 1858, in-8° de 16 pages.

Les différentes histoires de Lille, que nous avons précédemment citées, ont toutes parlé de Saint-Pierre, car l'histoire de cette église, abattue par le marteau révolutionnaire de 1792, se lie très intimement à celle de notre ville. (On reconstruit en ce moment cette église à l'endroit même où fut le berceau de Lille; la crypte est déjà terminée).

Consulter, pour connaître les renseignements historiques et administratifs touchant cette collégiale, le *Mémoire sur les Archives du chapitre de Saint-Pierre de Lille*, du docteur Le Glay; nous en parlerons plus tard, en consacrant à cet écrivain un article spécial.

IV.

Les Dominicains, établis à Lille en 1224, d'après le désir de Guillaume du Plouick, prévôt de la collégiale de Saint-Pierre, comptent principalement parmi leurs historiens Cousin et Richard; nous ne citerons que ces deux noms :

34. Cousin (Ambroise), de l'ordre des Frères prêcheurs à Lille, mort en 1751 :

Histoire chronologique du couvent des Frères prêcheurs de Lille, des hommes recommandables tant par leur science que par leur mérite qui y ont vécu, et des faits les plus mémorables qui y sont arrivés depuis son établissement jusqu'à présent, par le R. P. A. C. (Révérend Père Ambroise Cousin), religieux du même couvent, et *ibidem* deux fois prieur.

Mss. de la biblioth. de Lille, N° 248, in-fol., 160 p., écriture du xviii° siècle. Il existe à la même bibliothèque une autre copie de ce manuscrit sous le N° 277.

35. Richard (le Père Charles-Louis), né en 1712 à Blainville-sur-l'Eau (Lorraine), et fusillé militairement à Mons le 14 août 1794, religieux de l'ordre des Frères prêcheurs et professeur de théologie, a écrit :

Histoire du couvent des Dominicains de Lille en Flandre et des Dames dominicaines de la même ville, dites de Sainte-Marie de l'Abbiette, S. D. (1782), à Liége, 1 vol. in-12 de 291 pages.

A la suite de cet ouvrage se trouve : Histoire du monastère des Dames religieuses dominicaines de Sainte-Marie, de la ville de Lille en Flandres, dites de l'Abbiette. 179 pages, 1782. S. l. (Liége.)

Le P. Richard fut un des adversaires les plus acharnés de Montlinot (*vide suprà*, N° 6), comme l'on peut s'en assurer page 108, et surtout pages 116 et suivantes de son *Histoire des Dominicains*.

Cette histoire, comme le déclare Richard dans sa préface, a été faite d'après le manuscrit de Cousin.

Consultez sur Richard : *Archives du Nord, Ire série, Hommes et choses*, page 225.

V.

L'abbaye de Loos fut fondée en 1144 par saint Bernard, lorsqu'il vint, à la prière du comte Thierry d'Alsace et de la comtesse Sibylle d'Anjou, réchauffer de sa parole notre contrée flamande (L. G.). Un acte souverain de 1147 en confirme la fondation authentique. (Cette abbaye est, depuis la révolution française, convertie en maison de détention).

Les religieuses de l'abbaye de Notre-Dame du Repos, à Marquette près Lille, suivaient aussi la règle de l'ordre de Cîteaux.

36. Auchy (Nicolas d'), élu abbé de Loos en 1280, a écrit une petite chronique de l'abbaye (consulter, pour Nicolas d'Auchy et ceux qui vont suivre, le *Mémoire sur les Archives de l'abbaye de Loos près de Lille,* du docteur Le Glay).

37. Taverne (Gaspar ou Jaspar), de Lille, prélat de Loos, mort le 23 mai 1694 ; il avait pour devise : *Nil leviter*:

Narratio Cisterciensis Ordinis.

Mss. de la biblioth. de Lille, N° 192, in-4°, vel. Écriture du xiv° siècle, à deux colonnes. Voyez aussi le mss. N° 191 de la même bibliothèque.

38. Barre (Jean de la), né à Lille en 1583:

Notæ et observationes pro sacro Ordine Cisterciensi, compilatæ in unum (avec cette épigraphe : *Nature et candide*).

Mss. in-4° de la bibliothèque des Archives départementales du Nord, N° 242. Ce mss. contient une énumération des maisons de l'ordre de Cîteaux qui se trouvaient dans la contrée.

39. Gouselaire (Michel), sous-prieur et procureur du monastère de Loos, puis syndic de la province Gallo-Belgique, 1629-1706. On a de lui:

1° Historia chronologica Laudensis monasterii, a prima fundatione usque ad annum MDCCVI; in-folio, 2 vol. (ouvrage cité par Paquot, III, 52, et qui ne s'est pas retrouvé).

2° Histoire de l'abbaye de Notre Dame du Repos à Marquette, 1695.

Mss. de la biblioth. de Lille, N° 193, in-fol° de 333 pages. Ce religieux a aussi donné un catalogue des abbés de Loos, mentionné dans le mémoire du docteur Le Glay, page 40.

40. DELFOSSE (Ignace), né à Lille en 1660, mort le 18 avril 1727. Il fut sous-prieur, maître des novices, prieur et élu abbé le 17 juillet 1704. Ignace Delfosse a écrit:

Description de l'abbaye de Notre Dame de Loos, ordre de Citeaux, au diocèse de Tournay, filiation de Clairvaux.

Mss. de la biblioth. de Lille, N° 327, 5 vol. p. in-4°. Ecriture du XVII° siècle:

Enfin, nous mentionnerons, pour finir, le travail de Brun-Lavainne *(Revue du Nord*, 1 vol., 1833), et l'ouvrage de Lucien de Rosny : *Histoire de l'abbaye de Notre-Dame de Loos*, in-18, Lille, 1837, N° 12 ci-dessus.

VI

Avant d'aller plus loin et de passer en revue les historiens qu'il nous reste encore à citer, nous nous arrêterons un instant pour examiner les travaux d'un de ceux qui ont le plus écrit sur l'histoire du pays, et dont la plume infatigable ne cesse de révéler chaque jour de nouveaux documents et les nombreuses richesses enfouies dans les archives confiées à sa garde.

41. LE GLAY (André-Joseph-Ghislain), archiviste général du département du Nord, est né à Arleux (Nord) le 29 octobre 1785. Ses titres comme savant sont des plus nombreux: nous ne ferons que les énumérer. Docteur en médecine, il soutint sa thèse avec succès le 28 août 1812; il fut ensuite

bibliothécaire de la ville de Cambrai, secrétaire perpétuel, puis président de la Société d'émulation de Cambrai. Appelé par le ministre Guizot à la garde des archives du Nord, à Lille, il entra dans la Société des sciences, de l'agriculture et des arts de cette même ville, et en fut plusieurs fois le président. Le docteur Le Glay est, de plus, actuellement président de la Commission historique du département du Nord, correspondant de l'Académie de médecine de Paris, et correspondant de l'Institut (Académie des inscriptions et belles-lettres).

Cet écrivain doit aussi à son mérite d'autres distinctions non moins importantes : chevalier de la Légion d'Honneur (1er mai 1838), chevalier de l'ordre de Léopold (Belgique) (30 juillet 1841), et chevalier de l'ordre de Saint-Grégoire le Grand (5 octobre 1854); ce fut principalement le *Cameracum christianum* qui lui valut du Pape cette dernière distinction.

Il y a quelques années, nous avons dressé le catalogue de tous les ouvrages et travaux publiés par ce savant docteur, ce catalogue est resté manuscrit; nous allons en extraire seulement ce qui a le plus rapport à Lille:

1° De l'église de Loos.

Article inséré dans la *Gazette de Flandre et d'Artois*, puis dans la *Revue du Nord*, 1835-1836, cinquième vol., page 81.

2° Notice sur les archives du département du Nord. Lille, Danel, 1839, in-8° de 74 pages.

3° Histoire et description des archives générales du département du Nord. Paris, F. Didot, 1843, in-4°.

4° Nouveau programme d'études historiques et archéologiques sur le département du Nord; 1836, Lille, Vanackère fils, et Paris, Techener, 1 vol. in-12 de 140 pages.

Cet ouvrage a eu plusieurs éditions.

5° Mémoire sur les actes relatifs à l'Artois qui reposent aux archives du département du Nord; 1837, Saint-Omer, Chanvin fils, in-8° de 15 pages.

6° Analectes historiques ou documents inédits pour servir à l'histoire des faits, des mœurs et de la littérature. Paris, Techener, 1838, 1 vol. in-8° de 268 pages.

7° Mémoires sur les bibliothèques publiques et les principales bibliothèques particulières du département du Nord. Lille, Danel, 1841, in-8°.

Cet ouvrage occupe tout un volume des *Mémoires de la Société des sciences, de l'agriculture et des arts de Lille*, année 1839, deuxième partie.

8° De l'arsin et de l'abbatis de maison dans le Nord de la France; Lille, Danel, 1842, in-8°.

Inséré d'abord dans le *Bulletin de la Commission historique du département du Nord*, premier vol. page 248.

9° Notice sur M. Lafuite. Lille, Danel, 1842, in-8°.

10° Catalogue descriptif des manuscrits de la bibliothèque de la ville de Lille. Lille, Vanackère, 1848, 1 vol, in-8° de 443 pages.

Ce catalogue contient 391 articles; l'auteur y a joint un appendice, des Pièces justificatives et une Table.

11° Discours prononcé à l'inauguration du nouvel hôtel des archives (26 août 1844); Lille, Vanackère, 1845, in-8°.

12° Notice sur M. le baron Méchin; Lille, Danel, 1850, in-8°.

Le baron Méchin fut préfet du Nord.

13° Nouveaux analectes ou documents inédits pour servir à l'histoire des faits, des mœurs et de la littérature. Paris, Techener, 1852, 1 vol. in-8° de 230 pages avec planches.

Ce volume renferme plusieurs travaux déjà publiés dans les mémoires de diverses sociétés savantes.

14° Notice sur les duels judiciaires dans le Nord de la France.

Inséré dans les *Archives historiques et littéraires du Nord de la France et du Midi de la Belgique*, première série, tome 1er, page 74. (Cette publication, commencée en 1829 à Valenciennes sous la direction d'Arthur Dinaux, est maintenant à son dix-huitième volume. Voir N° 85 ci-après).

15° Glossaire des principaux sobriquets historiques du Nord de la France.

Inséré dans les *Archives du Nord*, première série, tome III, pages 34 et 111.

16° Notice sur le royaume des Estimaux dans la châtellenie de Lille.

Inséré dans les *Archives du Nord*, nouvelle série, tome II, page 76.

17° Notice sur Jacques Le Groux, curé de Marcq-en-Barœul.

Inséré dans les *Archives du Nord*, nouvelle série, tome IV, page 215. Nous aurons à citer dans la suite de notre travail un ouvrage de Jacques Le Groux.

18° Mémoire sur quelques inscriptions historiques du département du Nord.

Inséré dans le *Bulletin de la Commission historique du département du Nord*, premier volume, page 37.

19° Notice sur l'origine du comté de Flandre.

Inséré dans le *Bulletin de la Commission historique*, troisième volume, p. 181.

20° Mémoire sur la tenue des registres de l'état-civil dans la circonscription du département du Nord avant 1792.

Inséré dans ledit Bulletin, quatrième volume, page 112. Ce mémoire forme la préface du travail d'Alphonse Boussemart, intitulé : *Tableau récapitulatif des registres de l'état-civil de toutes les communes du département du Nord.* Lille, Lefebvre-Ducrocq, 1853, 1 volume in-8° de 109 pages.

21° Mémoire sur les archives de l'abbaye de Cysoing. Lille, L. Danel, 1854, in-8° de 27 pages, avec pièces justificatives.

22° Mémoire sur les archives du chapitre de Saint-Pierre de Lille. Lille, L. Danel, 1856, in-8° de 40 pages, avec pièces justificatives.

23° Mémoire sur les archives de l'abbaye de Loos, près de Lille; Lille, L. Danel, 1857, in-8° de 54 pages.

24° Notice sur les conférences tenues à Lille en 1716, à la suite du traité de Bade; Lille, L. Danel, 1856, in-8° de 18 pages.

25° Revue des *Opera diplomatica* de Miræus. Bruxelles, M. Hayez, 1856, in-8° de XVI et 202 pages.

Ce travail, qui offre une rectification d'Aubert le Mire, presque dénaturé par ses continuateurs, est de la plus haute importance.

27° Spicilège d'histoire littéraire ou documents pour servir à l'histoire des sciences, des lettres et des arts dans le nord de la France, premier fascicule; Lille, L. Danel, 1858, 1 vol. in-8° de 98 pages, avec cette épigraphe : *Spicas liquisti mille legendas.*

Et 27° Spicilège d'histoire littéraire ou documents, etc., deuxième fascicule; Lille, L. Danel, 1859, 1 vol. in-8° de 94 pages, avec cette épigraphe : *Collegisse juvat.*

Ce deuxième fascicule contient des remarques critiques sur la *Bibliotheca Belgica*, de Foppens, du plus haut intérêt.

Nous regrettons que le cadre de notre travail ne nous permette pas de citer d'autres ouvrages très importants dus à la plume et aux recherches assidues du docteur Le Glay.

VII.

La plupart des historiens que nous avons cités jusqu'à présent sont nés à Lille ou appartiennent à cette ville, à cause du séjour plus ou moins long qu'ils y ont fait; tous leurs écrits traitent, soit de Lille spécialement, soit des hommes et des choses qui s'y rattachent : on comprend donc qu'il sortirait de notre plan de parler ici de Sanderus, Buzelin, Jean de Seur, Aubert le Mire, Foppens, Paquot et autres auteurs, qui ont publié sur les Flandres et la Belgique des ouvrages également appréciés et toujours consultés avec fruit.

42. Possoz (le Père), de la Compagnie de Jésus, auteur contemporain, a écrit les deux volumes suivants :

1° Les Sanctuaires de la Mère de Dieu dans les arrondissements de Douai, Lille, Hazebrouck et Dunkerque. Lille, L. Lefort, 1847, 1 vol. in-16 de 242 pages.

Les articles principaux concernant Lille sont : Notre-Dame de la Treille, à Lille; Notre-Dame de Réconciliation à Esquermes, Notre-Dame de Fournes, Notre-Dame de Grâce à Loos, Notre-Dame de la Barrière à Lomme.

Et 2° Les Sanctuaires de la Mère de Dieu dans les arrondissements de Cambrai, Valenciennes et Avesnes, suivis d'une notice sur Notre-Dame de Fives, près de Lille, et de Notre-Dame des Affligés, au hameau du Sart, près de Merville; Lille, Leleu, 1848, 1 vol. in-16 de 270 pages.

43. BALINGHEM (Antoine de), mort à Lille en 1630, a laissé un opuscule latin, intitulé : *De B. Maria Esquermensi juxta Insulas*, dont parle le Père Possoz dans la liste des auteurs qu'il a consultés pour son ouvrage.

44. BRIDOUL (Toussaint), de la Compagnie de Jésus, né en 1595, et mort à l'âge de 77 ans, le 28 juillet 1672: *Le Triomphe annuel de Notre-Dame;* Lille, Pierre Derache, 1641, in-12.

Voyez Paquot, tome VI, page 412.

45. SCHELLENS (Hyacinthe), Dominicain, né à Lille vers 1617, et mort en 1672, fut maître des novices; Paquot le cite, tome XVI, page 286:

Origine et progrès de la Confrérie des Ardans et de la chapelle miraculeuse du Joyau. Lille, Ignace et Nicolas Derache, 1660, in-12.

Voyez Paquot, tome XV, page 298, à la note, quelques mots sur cette maladie, que le vulgaire, au rapport de Dubreul, « surnommoit du *feu sacré* ou *des ardents* pour la violence intérieure du mal, qui brusloit les entrailles de celuy qui en estoit frappé, avec l'excès d'une ardeur continuelle dont les médecins ne pouvoient concevoir la cause, et par conséquent inventer le remède. »

46. Le Groux (Jacques), né en 1675 à Mons-en-Pévèle, et curé de Marcq-en-Barœul, où il mourut le 31 juillet 1734, est cité dans Paquot, tome XVII, page 436 :

La Flandre gallicane sacrée et prophane, ou Description historique, chronologique et naturelle des villes et châtellenies de Lille, Douay et Orchies, où l'on remarque ce que la nature et l'art produisent dans cette province, ensemble l'établissement des chapitres, les cures, les abbayes, les autres bénéfices et fondations pieuses, avec les droits des patrons, les priviléges accordés par les princes, les personnes illustres qui y ont été; et généralement ce qui est arrivé de plus recommandable depuis la venue de N.-S. jusqu'à l'an 1730 ; tirez des-autheurs plus célèbres et des manuscripts anciens, par M. Jacques Le Groux, pasteur de Marque-en-Barœul.

Mss. petit in-fol. de la bibliothèque de Lille, N° 278.

Consulter *Archives du Nord,* la notice sur Le Groux, par A. Le Glay, nouvelle série, tome IV, page 215.

47. Decroix (Bauduin), magistrat de la ville de Lille vers 1580, a laissé un manuscrit, aujourd'hui perdu, ayant pour titre : *Commentarium sui temporis* (1566 à 1590).

48. Baudius (Dominique Baudier ou), né à Lille, le 8 avril 1561, commença ses études à Aix-la-Chapelle, où son père s'était retiré pour éviter les fureurs du duc d'Albe, les continua à Leyde et à Genève, étudia la théologie à Gand sous Lambert Daneau, revint à Leyde, fut reçu docteur en droit le 5 janvier 1585, professa à Leyde l'éloquence, puis l'histoire et la jurisprudence après la mort de Mérula, défendit Scaliger, son ami, contre le collége d'Anvers, et mourut en 1613 ; Baudius est surtout célèbre par ses poésies. Il a écrit un ouvrage historique intitulé: *De Induciis belli Belgici,* imprimé dans l'édition d'Amsterdam de 1640. Baudius avait entrepris un ouvrage destiné à la réunion des religions : il en avait communiqué le dessein à M. De Thou, son ami. Voyez sur Baudius, *Archives du Nord*, 1re série, 2e vol., page 296 ; Dibos, page 156 ; Paquot, VIII, page 391 ; le *Dictionnaire critique et historique* de Bayle, tome I, page 471 ; et Moreri, 2e vol., page 181.

49. Beys (Christophe), imprimeur à Lille, dans la première moitié du XVIIe siècle, a traduit une brochure de Jean-

Paul de Windeck, 1632, Lille, in-8° de 210 pages, relative à l'élection et aux électeurs de l'Empire d'Allemagne. Voici le titre de cette traduction : *L'Origine des princes Electevrs avxqvels sevls appartient l'élection du Roy des Romains. Vérifié par les anciens historiographes. Ensemble les priviléges et avtres droicts concernant tant l'Emperevr qve lesdicts électevrs.*

50. PIPPRE (Antoine Le), né le 14 mars 1575, suivit le métier des armes, prit du service dans les troupes de l'empereur Rodolphe II, combattit contre les Turcs, mourut à Lille, en 1657, et fut inhumé dans l'église de Saint-Pierre. Le Pippre est connu par son ouvrage intitulé : *Les Intentions morales, civiles, militaires et politiques*, petit in-4°, Anvers, Pierre et Jean Bellere, 1621-1625. Il a aussi écrit une foule d'opuscules dont on ne retrouve plus de traces, au nombre desquels : *Erreurs populaires lilliennes.* G. de Vendeville a fait sur cet écrivain le distique suivant :

Expertus quondam Mars armis, judice Turca,
Appares scriptis, Pipper, Apollo tuis.

51. TESSON (Gilles), greffier civil de Lille, mort en cette ville en 1699, savant indiciaire :

Tous ces advis, motifs de droict et aultres escritures ont été extraicts d'un vieu manuscrit reposant chez le sieur Tesson, greffier civille de Lille, intitulé son livre D de diverses besognes.

Mss. N° 158 de la bibliothèq. de Lille, in-fol. à deux colonnes, écriture du XVII° siècle. La même bibliothèque possède aussi d'autres manuscrits de Tesson.

52. GODEFROI. Quoiqu'ils n'aient pas, à proprement parler, écrit sur l'histoire du pays, nous ne pouvons passer sous silence les quatre écrivains du nom de Godefroi qui ont successivement paru à Lille ; nous en ferons une simple mention, en renvoyant pour plus de détails à l'ouvrage du Père Niceron : *Mémoires pour servir à l'histoire des hommes illustres dans la république des lettres, avec un catalogue raisonné de leurs ouvrages.* Paris, Briasson, 1727.

1° Godefroi (Denis), fils de Théodore Godefroi, historiographe de France, est né à Paris en 1615, et mort à Lille en 1680. Il succéda à son père dans sa place d'historiographe sous Louis XIII, et fut envoyé à Lille par Louis XIV, qui ajouta à son emploi celui de directeur des archives de la Chambre des comptes. On lui doit, entre autres choses, une édition des *Mémoires de Philippe de Commines.*

2° Godefroi (Jean), fils du précédent, fut aussi directeur de la Chambre des comptes et procureur du roi au bureau des finances à Lille. Il mourut en 1732.

3° Godefroi (Jean-Baptiste-Achille), fils du précédent, mourut à Lille en 1759. La mort l'empêcha de terminer une édition de la *Chronique* de Molinet.

Et 4° Godefroi (Denis-Joseph), était fils du précédent et, comme lui, directeur de la Chambre des comptes. Il naquit à Lille en 1740 et y mourut en 1819. Godefroi avait préparé une histoire de Flandre ; il fut en outre commissaire du roi pour le règlement des limites aux frontières des Pays-Bas et membre du Comité des chartes.

Les Godefroi ont trouvé dans le docteur A. Le Glay un digne successeur

53. Panckoucke (André-Joseph), de Lille, (1700-1753) a publié un grand nombre d'ouvrages, entr'autres :

1° Abrégé chronologique de l'histoire de Flandres, contenant les traits remarquables de l'histoire des comtes de Flandre, depuis Bauduin 1ᵉʳ, dit *Bras-de-Fer*, jusqu'à Charles II, roi d'Espagne ; Lille, 1762, in-8°. L'introduction a été écrite par Montlinot (N° 6 ci-dessus). — Ce même Panckoucke est l'auteur du livre si connu *l'Art de désopiler la rate, Sive de modo....,* etc.

2° Petit Dictionnaire historique et géographique de la châtellenie de Lille ; Liévin Danel, 1733, in-12.

Son fils, Charles-Joseph Panckoucke, né le 26 novembre 1736, et mort en 1799, fut aussi un imprimeur célèbre. Il entreprit l'édition des *Œuvres de Voltaire,* connue sous le nom d'*Edition de Kehl,* et favorisa la publication d'un grand nombre de journaux littéraires.

Consulter : *Archives du Nord,* 1ʳᵉ série, tome 1ᵉʳ, page 213 ; *ibid.* nouvelle série, tome 1ᵉʳ, page 75, et tome V, page 85 ; et Dibos, pages 190 et 191.

54. Clément (P) :

Histoire de la Flandre depuis l'invasion romaine jusqu'au XIXᵉ siècle ; Lille, Baly et Vanackère fils, 1836, in-12 de 107 pages.

55. LEBON (Philippe-Maurice), chevalier de Saint-Louis, de la Légion-d'Honneur, ex-colonel d'infanterie, mort le 9 février 1837 :

1° Notice sur les historiens de la Flandre française. Lille, Blocquel, S. D. (1827), in-8° de 104 pages.

2° Mémoire sur la bataille de Bouvines en 1214, Paris, Techener, et Lille, Vanackère, 1835, 1 vol. in-8° avec plan.

3° Fête du Broquelet, inséré dans la *Revue du Nord*, 1835, 1re série, tome IV, page 105.

4° Mémoire sur les forestiers de Flandre, in-8° de 56 pages (1835), couronné par la Société des Antiquaires de la Morinie, le 14 décembre 1834.

5° Notice sur Bauduin et Jeanne de Constantinople, inséré dans la *Revue du Nord*, 1835, 1re série, tome IV, page 327.

6° Lille avant le XIe siècle; ibid, 1re série, tome V, page 201, 1835-36.

7° Coup d'œil sur la situation de la châtellenie de Lille; ibid, 1re série, tome VI, page 23.

8° Bouchard d'Avesnes et Marguerite de Constantinople; ibid, page 132.

9° Coup d'œil sur le règne de Gui de Dampierre, ibid, p. 362.

Et 10° Histoire de la châtelenie de Lille, couronnée en 1836 par la Société royale et centrale d'agriculture, des sciences et des arts du département du Nord à Douai.

Consulter sur Lebon, *Revue du Nord*, 2e série, tome I, page 179, et l'*Histoire d'Haubourdin*, par Tierce, page 132.

56. BLISMON (cryptonyme de Simon Blocquel, imprimeur à Lille, membre du bureau de bienfaisance de cette ville et chevalier de l'ordre de la Légion-d'Honneur) :

Histoire du siége de Lille en 1792, rédigée sous les yeux du conseil de guerre ; on y a joint des pièces justificatives, plusieurs anecdotes intéressantes, un grand nombre de renseignements authentiques, une énumération des principaux services rendus par les canonniers lillois, avec la liste nominative des courageux citoyens à l'époque du siége, etc., etc., etc., le tout extrait des auteurs contemporains; Lille, Castiaux, S. D. (1845), 1 vol. in-12 de 87 pages.

Simon Blocquel a publié plusieurs Guides des étrangers dans la ville de Lille. On lui doit aussi une édition des *Anecdotes de jurisprudence* de Bresou, jurisconsulte et poète lillois.

57. Du Chambge de Liessart (Eléonore-Paul-Constant, baron), commandeur de l'ordre pontifical de Saint-Grégoire-le-Grand:

Notes historiques, relatives aux offices et aux officiers du bureau des finances de Lille. Lille, Leleu, 1855, in-8° de 165 pages.

VIII

Nous touchons presque à la fin de notre nomenclature des Historiens de Lille, et nous tâcherons de la rendre la plus complète possible, en indiquant également ceux qui ont écrit sur les personnages de quelque célébrité qu'a produits notre ville.

58. Vredius ou Vrée (Olivier de), né à Bruges (1578-1652), est un historien et un érudit très remarquable. Il a écrit sur la Flandre des ouvrages qui touchent à Lille en beaucoup d'endroits:

1° Sigilla comitum Flandriæ et Inscriptiones diplomatum ab iis editorum; Brugis-Flandriæ, 1639, in-folio.

2° Genealogia comitum Flandriæ a Balduino Ferreo usque ad Philippum IV, Hispaniæ regem, etc. Brugis-Flandr., 1642-1643, 2 tomes souvent réunis en un volume.

3° Historia comitum Flandr. a J. Cæsare ad ann. DCCLXXXVI; Brugis, 1650, 2 vol. in-folio.

Il existe une traduction des deux premiers de ces ouvrages: *La Généalogie des comtes de Flandre, depuis Bavdovin Bras de fer, ivsqves à Philippe IV, roi d'Espagne, représentée par plusieurs figures de sceaux, et divisée en vingt-deux tables vérifiées tant par chartes qu'escripts anciens et contemporains*, par Olivier De Wrée, Brugeois, lic. es-loix; Bruges en Flandre, J.-B. et L. Vanden Kerchove, 1642, 2 vol. in-fol. (avec planches et carte). Une autre édition porte la date de 1644.

59. Épinard (le chev. de l'), publiciste:

Almanach de la petite poste de Lille et de sa châtellenie, contenant l'ordre de son service et diverses connoissances utiles et curieuses, orné d'une figure et de la carte du chemin d'Amour, pour l'année 1787; 1 vol. in-12, Lille.

A la fin du volume se trouve : *Chemin géographique d'Amour*. Lille, in-12 de 29 pages, avec une *Epître au beau sexe de Lille:*

> » Jeunes beautés à qui l'on doit l'encens
> » Dont fument les autels de Gnide et de Cythère,
> » Vous, qui mettez un prix si flatteur aux talens,
>   » Agréez cet Itinéraire.

> » Si votre cœur, ouvert à de chastes désirs,
> » Accueille mes leçons, les adopte et les goûte,
> » Ah ! n'oubliez jamais au sein des vrais plaisirs
>   » Celui qui vous montre la route   »

60. Dieudonné, préfet du Nord sous l'Empire:

Statistique du département du Nord, an XII (1804). Douai, Marlier, 3 vol. in-8°.

61. Bottin (Sébastien), secrétaire général du département du Nord sous le préfet Dieudonné, mort en mars 1853:

Annuaire statistique du département du Nord. Douai, an XI, XII, XIII et 1806, et 1811 à 1814, Marlier.

Cet annuaire a été continué jusqu'à nos jours, d'abord par Demeunynck et Devaux, puis par Devaux seul. On remarque dans les dernières années un certain nombre d'erreurs.

Bottin a encore produit grand nombre d'articles disséminés dans les recueils historiques du pays. Il fut aussi secrétaire de la Société des sciences de Lille.

Voir *Archives du Nord*, 3ᵉ série, tome III, page 417.

62. Contencin (de), secrétaire général de la préfecture du Nord sous M. de Saint-Aignan, a écrit entr'autres choses un article sur l'*Ancienne porte Saint-Pierre à Lille*. Ses travaux se trouvent dans le *Bulletin de la Commission histarique du département du Nord* et l'*Annuaire*.

63. Sproit (J.), candidat à l'économat de l'hospice général:

Lettres d'un réformateur sur les établissements charitables de la ville de Lille, leurs fondations, leur administration intérieure, etc. Lille, Blocquel, 1832, in-8° de 48 pages.

Cet ouvrage contient douze lettres très bonnes à consulter sous le rapport historique.

64. Le Glay (Edward), ancien élève de l'école des Chartes et actuellement sous-préfet:

1° Histoire des comtes de Flandre jusqu'à l'avènement de la maison de Bourgogne. Paris, 1843, 2 vol. in-8° de 500 pages chacun.

2° Chronique rimée des troubles de Flandre à la fin du xiv° siècle, suivie de documents inédits relatifs à ces troubles, publiée d'après un manuscrit de la bibliothèque de M. Ducas, à Lille. Lille, T. Ducrocq, 1842, in-8° de x et 153 pages, tiré à 125 exemplaires.

3° Histoire de Jeanne de Constantinople, comtesse de Flandre et de Hainaut. Lille, Vanackère, 1841, in-8° de IV et 222 pages. Jeanne de Constantinople a souvent inspiré les historiens : cette princesse est en grande vénération dans le pays à cause de ses fondations pieuses (1190-1248).

65. Deligne (Jules), professeur de littérature.

Eloge de Jeanne de Constantinople, comtesse de Flandre et de Hainaut. Lille, Vanackère, broch. in-8° de 36 pages, 1844.

Cet éloge a été couronné par l'Associatiation lilloise (séance du 20 décembre 1843).

66. Bourdon (Hercule), juge, a écrit un travail sur la même Jeanne de Constantinople (*Revue du Nord,* 1855, 4° vol., page 330).

67. Leleux (Vincent), homme de lettres et publiciste, mort à Lille, le 7 octobre 1852:

1° P. Henry, poète satirique (article inséré dans les *Archives historiques du Nord,* 1° série, t. 1°, page 210).

2° Siége et bombardement de Lille (ibid., page 62).

68. Colonne de Lille (la), *Recueil de documents historiques et de poésies relatifs au bombardement de Lille en* 1792 (par les Autrichiens, Albert de Saxe). Lille, Emile Durieux, 1845, in-8° de 160 pages.

69. DELSART (A), collaborateur des *Archives du Nord:*

Panckoucke *(Biographie départementale)*, inséré dans les *Archives du Nord*, 1ʳ série, t. 1ᵉʳ, p. 223.

70. DAVID D'ANGERS (Pierre-Jean), sculpteur, mort le 6 janvier 1856:

Notice sur la vie et les ouvrages de Roland le statuaire, né à Lille (inséré dans les *Mémoires de la Société des sciences, de l'agriculture et des arts de Lille*, 1846, 25ᵉ vol., p. 366).

Philippe-Laurent Roland, né Marcq-en-Barœul en 1746 et mort le 11 juillet 1816, était membre de l'Institut et professeur de sculpture à l'Académie royale.

71. DUFAY, de Saint-Omer:

Notice sur la vie et les ouvrages de Wicar (inséré dans les mêmes *Mémoires*, 1843, 22ᵉ vol.; page 314).

Jean-Baptiste-Joseph Wicar, né à Lille en 1762, et mort à Rome en 1834, était fils d'un ouvrier charpentier. Il fut en 1805 professeur à l'Académie de Saint-Luc à Rome; et, en 1807, le roi Joseph le choisit pour directeur général de l'Académie des beaux-arts de Naples.

72. COUPÉ (l'abbé), collaborateur des *Archives du Nord:*

Dominique Baudier (biographie insérée dans les *Archives du Nord*, 1ʳᵉ série, t. 2, page 296). (*Suprà*, Nᵒ 48.)

73. DARIMON (Alfred), actuellement député au Corps législatif, a publié dans les *Archives du Nord*, nouvelle série, tome 2 :

1ᵒ Gaultier de Châtillon (page 138);

2ᵒ Pierre d'Oudegherst (page 365);

3ᵒ Lettre sur Montlinot (page 394).

74. DINAUX (Arthur), correspondant de l'Institut et membre de la Société des Antiquaires de France ; c'est sous sa direction que se publient les *Archives du Nord*. Il a inséré dans ce recueil :

1ᵒ Feutry (1ʳ série, t. 1ᵉʳ, page 89).

2ᵒ L'abbé de Montlinot (1ʳ série, t. 2, page 133).

3ᵒ Floris Vander Haer (1ʳ série, t. 3, page 390).

4ᵒ Un poète à Lille au dernier siècle (Mathon), (nouvelle série, t. 2, page 387).

5° Iconographie lilloise. — Graveurs et amateurs d'estampes de Lille (nouvelle série, t. 3, page 208, travail important).

6° Robert Du Triez, poète lillois (nouvelle série, t. 4, p. 471).

7° Le chanteur Brûle-Maison (3ᵉ série, t. 4, page 43).

8° Antoinette Bourignon (ibid, page 328).

Et 9° Un poète lillois (Agathon Fourmantel), (3ᵉ série, t. 5, page 513).

75. Kolb, député au Corps législatif:

Des intérêts communaux de la ville de Lille. Lille, E. Reboux, 1852, brochure in-8° de 59 pages.

76. Rouzière aîné (Jean-Antoine), ancien négociant à Lille:

1° Notice sur Nicolas-Joseph Ruyssen. Lille, Lefebvre-Ducrocq, 1851, brochure in-8° de 30 pages.

Ruyssen (1757—1826), peintre distingué et fondateur du couvent de la Trappe. — Cette notice a été couronnée par la Société des sciences de Lille.

2° Notice sur Auger de Busbecq, ambassadeur du roi Ferdinand Iᵉʳ en Turquie et de l'empereur Rodolphe II en France.— Suivie de l'histoire de la petite fourmi qui voulait faire un voyage à Jérusalem. Lille, Lefebvre-Ducrocq, 1860, in-8° de 63 pages.

Auger de Busbecq (1522—1592).

77. La Fons-Melicocq (de), correspondant du ministère de l'instruction publique, a fait sur le pays de nombreuses recherches archéologiques, dont la principale a pour titre : *De l'Artillerie de la ville de Lille aux* xivᵉ, xvᵉ *et* xviᵉ *siècles* (inséré dans la *Revue du Nord,* Lille, 1854, 2ᵉ vol. page 76 et suiv.)

On a encore de lui:

Cérémonies dramatiques et anciens usages dans les églises du nord de la France. Paris, librairie archéologique de Victor Didron. 1850, in-4° de 11 pages.

78. Le Glay (Jules), attaché à la section historique des archives du département du Nord:

1° Supplément depuis 1850 jusqu'en 1856 (à la *Biographie universelle* ou *Dictionnaire historique de Feller*). Lille, L. Lefort, 1 vol. in-4° à deux colonnes.

Et 2° Recherches historiques sur les anciens hospices ruraux du nord de la France. Lille, L. Danel, 1858, in-8° de 21 pages.

Un article, inséré dans le *Mémorial de Lille*, du 2 novembre 1858, a fait ressortir toute l'importance de ce travail.

79. DEBUIRE (L.), marchand d'articles Paris, à Lille:

Notice historique sur les sociétés chorales et les réunions musicales de Lille; Lille, Alcan Lévy, 1858, in-16 de 48 pages.

80. LONGER, membre de la Société des sciences de Lille:

Recherches sur quelques antiquités de la ville de Lille (inséré dans les *Mémoires de la Société des sciences, de l'agriculture et des arts de Lille*, 6ᵉ vol. (2ᵉ semestre, 1827 à 1828), page 582).

81. DUPUIS (Albert), avocat et membre de la Société des sciences, de l'agriculture et des arts de Lille, a fait insérer dans les *Mémoires* de cette Société les travaux suivants:

1° Notice sur la vie, les écrits et les doctrines d'Alain de Lille (vol. 29ᵉ, 1849, page 209).

De Rosny, membre de la même Société, avait déjà écrit une notice sur Alain (vol. 1ᵉʳ, cab. 2, p. 52, et cab. 4, page 89), et Poret (id., cab. 4). On trouve dans ces mêmes *Mémoires* quelques notes sur Lille, dues à ce même abbé Poret.

2° Anthoinette Bourignon (ibid, vol. 33, 1853, page 344).

Anthoinette Bourignon (1616-1680), visionnaire. Les œuvres de cette fille singulière, éditées par Poiret, comprennent 19 volumes in-12, Amsterdam, Wetstein, 1686.

3° Esquisse d'une histoire de l'enseignement philosophique à Lille (ibid, 2ᵉ série, 3ᵉ vol., page 289, 1856).

4° Programme d'une histoire de l'enseignement philosophique à Lille, même vol., page 297.

Et 5° Études sur quelques philosophes scholastiques lillois, du XIᵉ et du XIIᵉ siècle (id., 2ᵉ série, 5ᵉ vol., pages 261 à 427, 1858).

Articles concernant: Lietbert (1076), Gauthier, évêque de Maguelonne (1129), Lambert, évêque d'Arras (1095), Jean, évêque de Thérouanne (1130), Clarembault, archidiacre d'Arras (1160), Gauthier, *dit* de Châtillon (1066), Alain de Lille. Dupuis a refondu ici son travail sur Alain cité précédemment et en a fait une œuvre remarquable.

82. PASCAL, adjoint au maire de Lille:

Du projet d'agrandissement de la ville de Lille. Lille, Leleux, 1839, broch. in-8° de 16 pages et 2 plans.

83. CUVELIER (Dom Michel):

Mémoires sur la vie de M. Jean Levasseur, mayeur de la ville de Lille au xvii° siècle, et sur la fondation de la Chartreuse de la Boutillerie. Lille, L. Lefort, 1854, in-8° de 110 pages.

Sur le manuscrit original trouvé dans les archives de l'Abbaye de la Boutillerie, lors de sa dévastation en 1793. Les derniers feuillets du manuscrit manquaient.

84. Pajot (Henri) :

1° Feutry, sa vie et ses ouvrages. Lille, Lefebvre-Ducrocq, in-8° de 22 pages, 1854.

Feutry, poëte lillois (1720-1789).

2° Duhamel, sa vie et ses ouvrages. Lille, Vanackère, 1855, in-8° de 13 pages.

Duhamel, poëte (1773-1853).

3° Levasseur, sa vie. Lille, Vanackère, 1855, in-8° de 9 pages (voyez N° 83).

4° Notice sur la pierre tumulaire de Jean Levasseur. Lille, E. Vanackère, 1855, in-8° de 4 pages avec planches.

Ces deux derniers travaux repris dans Le Quérard, 2° année, 1856, page 119, N° 473, et page 125, N° 513.

Et 5° l'Architecte Caloine; Lille, Horemans, 1860, une feuille in-12.

IX.

Nous ne pouvons passer sous silence les recueils qui vont suivre ; leur utilité nous dispense de tout commentaire :

85. Archives historiques et littéraires du nord de la France et du midi de la Belgique (les), par MM. Aimé Leroy, le docteur Le Glay et Arthur Dinaux. Valenciennes (1829 à 1857), 17 vol. in-8° ; le 18° vol. est en voie de publication.

Cette collection est précieuse pour ceux qui s'occupent de recherches sur l'histoire du pays.

86. Revue du Nord, 1re, 2e et 3e séries (1833-1840). Lille, Vanackère et L. Lefort, 10 vol. in-8°.

87. Bulletin de la Commission historique du département

du Nord. Lille, Danel, 1843, 1844, 1847, 1851, 4 vol. in-8°; le 5e vol. est commencé.

88. Revue du Nord de la France; Lille, Lefebvre-Ducrocq, Vanackère et Quarré (éditeurs successifs), 1854 à 1857, 8 vol. in-8°.

89. Artiste (l'), revue hebdomadaire du nord de la France, publiée sous la direction de M. Auguste Wacquez. Lille, Lefebvre-Ducrocq, 1850-1851, 2 vol. in-4°.

90. Flandre illustrée (la), littérature, histoire, beaux-arts, paraissant tous les dimanches, in-4°.

Le premier numéro a paru le 18 juillet 1858.

Principaux ouvrages à consulter. — La *Bibliotheca belgica* de Foppens (1729); *Mémoires pour servir à l'histoire littéraire des Pays-Bas* de Paquot (1763-1770); *Annales Gallo-Flandriæ*, de Buzelin (1624); *Rerum Flandricarum Tomi X*, de Meyer (1538); *Mémoires de la Société des sciences, de l'agriculture et des arts de Lille* (1806-1858); l'*Univers pittoresque*, édité par Firmin Didot, (dictionnaire encyclopédique de la France, à l'article *Lille)*; *Histoire des villes de France*, publiée sous la direction d'Aristide Guilbert (1845, Paris, Furne), 3' vol., page 201 à 223; *Dictionnaire de la Conversation*, article intitulé *Lille*, par le docteur Le Glay, t. 35, page 231 à 238 (1837); et Duthillœul, *Douai et Lille au XIII' siècle*, et *Petites Histoires des pays de Flandre et d'Artois*, 2 vol. (1835 et 1858).

———

X.

Dans le genre de recherches que nous essayons de signaler, les journaux et écrits périodiques sont une source précieuse de renseignements : n'offrent-ils pas, pour ainsi dire, jour par jour, l'histoire complète, minutieuse même de la ville à laquelle ils appartiennent? et nous avons été plus d'une fois à même d'apprécier les services que peuvent rendre ces sortes de documents.

Nous n'indiquerons ici que les principaux journaux politiques de Lille (bien entendu, sans noter la nuance).

91. JOURNAUX:

1° Annonces, affiches et avis divers pour les Pays-Bas français, 7 janvier 1761, paraissant le mercredi.

2° L'Abeille patriote ou Feuille de tous les jours, du 1" avril 1790 (c'est le premier journal quotidien qui ait paru à Lille); le 1" juillet 1790, ce journal prit le nom d'*Abeille patriote ou Journal du Nord, feuille de tous les jours;* mais le 4 du même mois, il reprit son titre primitif, en y ajoutant ces mots : *Département. du Nord.* Enfin, le 1" juillet 1791, ce même journal fut intitulé : *Journal du département du Nord,* dit *Abeille patriote.*

C'est à Panckoucke, dont nous avons déjà parlé (N° 53), que l'on doit la publication de ces deux journaux.

3· Feuilles de Flandre (de l'année 1781 au 31 juillet 1790) paraissaient les mardi, jeudi et samedi.

4· Gazette du département du Nord (du 3 août 1790 au 26 août 1793), sous la direction du chevalier de l'Épinard (voir N° 59), nommé ensuite le citoyen J. Paris. Ce journal paraissait aussi les mardi, jeudi et samedi; il fut ensuite quotidien.

5· Feuille du département du Nord (du 5 février 1805 au 30 juin 1808), mardi, jeudi et samedi.

6· Journal du département du Nord (du 1" janvier 1812 à décembre 1830), quotidien.

7· L'Écho du Nord (du 15 août 1819 à nos jours), quotidien.

8· La Boussole (du 1" janvier 1831 au 31 mars 1833), succéda au Journal du département du Nord, quotidien. Rédacteur Ch. Reboux ; collaborateurs : Levêque de la Basse-Mouturie, Danniaux, etc., etc.

9· Le Nord, gazette constitutionnelle de Lille (du 1" novembre 1831 au 31 décembre 1837), quotidien.

10· L'Argus, 1830, peu de durée.

11· Gazette de Flandre et d'Artois, journal des intérêts communaux (du 17 février 1833 au 28 avril 1854), remplaça la Boussole, quotidien. Rédacteurs Binaut, puis V. de Carrières.

12· La France septentrionale, journal constitutionnel (1839), peu de durée.

13· Journal de Lille, organe des intérêts du Nord (du 1" juillet 1843 au 28 février 1847); quotidien.

14· Le Messager du Nord, succéda au Barbier de Lille. Ce journal avait pour rédacteur-gérant A. Bianchi (du 27 mai 1846 au 4 décembre 1851); il paraissait les mardi, jeudi et samedi; il devint ensuite quotidien.

15° La Liberté, journal du département du Nord (du 22 mars 1848 au 1" janvier 1855); quotidien. Rédacteur A. Dayez.

16° Le Nord, rédacteur en chef A. Lomon (du 1" janvier 1853 au 3 avril 1854); quotidien.

17° Le Courrier de Lille, journal du département du Nord (du 7 mai 1854 au 30 avril 1857), quotidien.

18° La Vérité, journal du département du Nord (du 1" janvier 1855 au 1" janvier 1858), fait suite à la Liberté, quotidien. Rédacteur L. Venzac.

19° Mémorial de Lille et du Nord de la France (du 21 février 1857 à nos jours), quotidien. Rédacteur N. Destigny.

Et 20° Le Propagateur (juin 1860), quotidien. Rédacteur: Ayraud-Degeorge.

XI.

La ville de Lille, dont l'existence, d'après certains chroniqueurs, remonte à cinquante ans avant l'ère chrétienne, fut pour la première fois entourée d'une enceinte en 1030 par Bauduin de Lille, sixième comte de Flandre; mais la population toujours croissante de cette ville, qui devint un centre très considérable, ne tarda pas à nécessiter plusieurs agrandissements successifs : nous ne pouvons les décrire ici, et nous renvoyons pour les détails aux histoires rappelées dans le commencement de notre travail.

Dans ces derniers temps, la nécessité d'agrandir la ville de Lille se fit de nouveau sentir, et le 13 octobre 1858[1]

[1] Déjà en 1834, séance du Conseil municipal du 1" août, un projet d'agrandissement avait été présenté par le colonel Maillard d'Ontot; on n'y donna pas suite. Voyez aussi *Revue du Nord* (1835-1836), tome VI, page 204, l'article : *De la nécessité d'agrandir la ville de Lille*, la brochure citée au N° 75, Kolb, et celle de Pascal, N° 82.

l'Empereur signait à Saint-Cloud un décret qui ordonnait un nouvel agrandissement et la réunion à la ville des trois communes de Moulins-Lille, Wazemmes et Esquermes[1].

92. AGRANDISSEMENT DE LILLE EN 1858 (Travaux, projets et études relatifs à l') :

1° Agrandissement de la ville de Lille, par Eeckman-Lecroart, 12 mars 1857, brochure in-8° de 32 pages. Lille, E. Reboux.— Cette brochure souleva la première la question d'un nouvel agrandissement.

2° Projet d'agrandissement de la ville de Lille, présenté par M. Jules Brame, membre du conseil général du département du Nord, 30 mars 1857, 2 pages in-folio. Lille, Lefebvre-Ducrocq.— Ce projet est dû à MM. Duez et Faucheur, architectes à Lille; ils y avaient joint un plan photographié de la ville de 245 millimètres de largeur sur une hauteur de 152 millimètres.

Aucun des rapports présentés ensuite à la Commission municipale n'a fait mention de l'important travail des architectes Duez et Faucheur (?)

3° Projet d'agrandissement de la ville de Lille, I. Lille, Guermonprez, 1857, brochure in-8° de 39 pages. Cette brochure contient la séance du conseil municipal du 13 mai 1857.

4° Observations sur la séance du conseil municipal de Lille, en date du 13 mai 1857, par un habitant de Wazemmes. 20 juillet 1857, Wazemmes, Horemans, brochure in-8° de 14 pages.

5° Projet d'agrandissement de la ville de Lille, II. Lille, Guermonprez, 1858, brochure in-8° de 37 pages. (Séances du conseil municipal des 9 janvier et 12 février 1858 et Note remise à l'Empereur).

6° Mémoire à l'appui de l'établissement des voies ferrées économiques de Lille aux houillères de Fresnes et de Condé, de Douai aux fours à chaux et carrières de Tournai, suivi d'un Appendice sur le projet d'agrandissement de Lille et un nouveau plan proposé, par G.-H. Love, ingénieur civil. 1858, Lille, E. Reboux, in-4° de 37 pages.

7° Agrandissement de Lille: Extension jusqu'à la Deûle. Observations remises à l'enquête le 12 juillet 1858, par un habitant de Lille. Lille, Boldoduc, brochure in-8° de 8 pages, avec plan, 1858.

8° Quelques mots sur les observations remises à l'enquête le

[1] Un autre décret du 2 juillet 1858 avait ordonné le déplacement de l'enceinte fortifiée de la ville de Lille.

12 juillet 1858 par un habitant de Lille (inséré dans la *Gazette du Nord*, N° 33, du dimanche 22 août 1858).

Cet article très sérieux est de Pierre Caloine, architecte distingué. Caloine vient de mourir à Lille (10 février 1859) : sa mort a laissé un grand vide dans les arts et les lettres du pays. (Voyez l'*Architecte Caloine*, notice par Henri Pajot, citée N° 87 ci-dessus, au 5°.

9° Rapport fait à la commission chargée de l'étude du plan d'alignement et de raccordement de la ville agrandie, par Meunier, secrétaire de la commission; brochure in-8° de 8 pages.

10° Nivellement du territoire des communes de Moulins-Lille, de Wazemmes, d'Esquermes, et de la partie du périmètre de Lille situé le long des deux premières de ces communes, levé en 1858, sous la direction de la commission chargée de l'étude du plan d'alignement de la nouvelle ville. Lille, Guermonprez, 1858, brochure in-8° de 31 pages.

11° Rapport de la commission chargée d'examiner le projet du plan de percement et d'alignement de la ville agrandie, présenté par le maire. 1859, Lille, Guermonprez, in-8° de 28 pages. (Ce projet a été présenté dans la séance de la Commission municipale du 8 février 1859).

12° Agrandissement de Lille. Extension jusqu'à la Deûle. Nouvelles observations d'un habitant de Lille, à l'occasion du projet de plan de percement et d'alignement de la ville agrandie, adopté par la commission municipale du 8 février 1859. Lille, Boldoduc, avril 1859, brochure in-8° de 23 pages, avec plan colorié.

13° L'agrandissement de Lille au point de vue des arts *(Mémorial de Lille*, du 7 février 1859). — Projet de tableau par M. Oscar De Haës (*même journal*, du 20 juin 1859). — Les Sœurs de charité appelées au service des pauvres dans les quartiers de Wazemmes, Esquermes, Les Moulins, Fives et Saint-Maurice (*ibid*, du 11 juillet 1859). — Logements à prix réduits pour les pauvres (*même journal*, du 23 juillet 1859). Ces quatre articles sont de Henri Lefebvre, professeur à Lille.

14° Études sur l'agrandissement de Lille, du 24 février 1859, par G. Alavoine, architecte, 4 pages in-4°, avec plan.

15° Études sur l'agrandissement de Lille. Percement par le massif de la rue entre la Grand'Place et Esquermes, par G. Alavoine, 19 juin 1859, demi-feuille in-4°.

16° Agrandissement de Lille. Extension jusqu'à la Deûle. Dernières observations d'un habitant de Lille à l'occasion du plan modifié, approuvé par la commission municipale du 24 juin 1859, et exposé à l'enquête du 8 au 23 juillet. Lille, Boldoduc, 23 juillet 1859, in-8° de 24 pages, avec plan.

17° Modifications proposées par M. L. Lefort au plan d'agrandissement de la ville de Lille, annexé au décret impérial du 8 juillet 1859, IV. Lille, Guermonprez, 1859, in-8° de 15 pages. (Séance de la Commission municipale du 8 novembre 1859).

18° Une lettre d'Edouard Delecroix à ses collègues de la commission municipale de Lille. Octobre 1859, Lille, Lefebvre-Ducrocq, in-4° de 11 pages.

19° Agrandissement de Lille. Extension jusqu'à la Deûle. Réponse au rapport de la commission mixte dont les conclusions ont été adoptées par la commission municipale, le 8 novembre 1859, par L. Lefort. Lille, Boldoduc, novembre 1859, in-8° de 23 pages.

20° Plan des alignements et percements de la ville agrandie. Rapport de la sous-commission chargée de l'examen des observations recueillies à l'enquête, V. (Séance de la Commission municipale du 8 novembre 1859). Lille, Guermonprez, 1859, in-8° de 23 pages.

21° Percement par le massif de la rue entre la Grand'Place et Esquermes, par G. Alavoine (16 décembre 1859), demi-feuille in-4°.

22° Question de l'agrandissement de la ville de Lille. Note à l'occasion de la nouvelle enquête, 3 décembre 1859, signé : Eeckman-Lecroart. Lille, Reboux, in-8° de 23 pages.

23° La vérité sur l'agrandissement de Lille, par Jules Brame, député au Corps législatif. 1860, Lille, Lefebvre-Ducrocq, in-8° de 28 pages (18 décembre 1859).

24° Agrandissement de Lille. Résumé des principaux motifs en faveur de l'extension jusqu'à la Deûle. Déposé à l'enquête de décembre 1859, in-8° de 26 pages, avec plan.

25° Ville de Lille. Plan des alignements et percements de la ville agrandie. Rapport de la sous-commission chargée de l'examen des observations recueillies à la seconde enquête, VI. (Séance de la commission municipale du 17 février 1860). Lille, L. Danel, 1860, in-8° de 24 pages.

26° A Messieurs les Membres de la Commission municipale. Lille, Lefebvre-Ducrocq, 1860, brochure in-8° de 16 pages.

Protestation signée par 28 médecins, relative à des questions de salubrité.

27° Une lettre de l'architecte Gustave Alavoine, en date du 1er mai 1860 (4 pages in-8°, Lille, Danel). (En réponse à un communiqué de la mairie de Lille défavorable au projet de percement proposé par cet architecte. Voir les brochures citées dans cet article, aux 14°, 15° et 21°).

Ce projet, approuvé d'abord par l'autorité supérieure, jugé à l'unanimité par la

Commission départementale des bâtiments civils comme seul admissible, a été rejeté par la Commission municipale de Lille.

Les journaux de Lille peuvent aussi être consultés avec fruit pour différents détails relatifs à cet agrandissement (mars 1857 à 1860). Consulter principalement le *Mémorial de Lille*. 6 juillet 1858 ; 1859, 19, 21, 22, 24, 25, 26, 27, 30, 31 juillet, 11 et 12 août, 17, 19, 30 octobre, 4, 5, 8, 16, 21, 25 novembre, 5, 6, 7, 8, 10, 16, 18, 20, 21, 22, 25, 26, 28, 29, 30 décembre ; 1860, 4 et 5 janvier.

XII.

Avant de terminer, nous citerons les travaux historiques qui ont été publiés sur quelques communes de l'arrondissement de Lille :

93. JACOPS (Pierre-Louis), seigneur d'Hailly :

Notes sur les villages de la châtellenie de Lille et autres.

Mss. de la bibliothèque de Lille, N° 258, petit in-4°, écriture du xvii° siècle, 204 pages, non compris la table.

Ce manuscrit est bon à consulter.

94. MARISSAL (L.-E.), juge-de-paix :

Recherches pour servir à l'histoire de la ville de Roubaix, de 1400 à nos jours. Roubaix, Béghin, 1844, 1 vol. in-8° de 309 pag., avec planches.

95. LEURIDAN (Théodore), conservateur de la bibliothèque, des archives et du musée industriel de Roubaix :

1° Notice historique sur les armoiries de Roubaix, pour servir au projet présenté par l'administration municipale d'allier les anciennes avec les nouvelles. Roubaix, J. Reboux, 1859, brochure in-8° de 42 pages, avec une planche coloriée.

2° Histoire de l'église Saint-Martin de Roubaix. Roubaix, J. Reboux, 1859, 1 vol. in-8° de 399 pages.

Ce travail forme la première partie d'une histoire de Roubaix que Leuridan se propose de publier en 4 volumes.

96. MANNIER (E.), ancien notaire:

Recherches sur la ville de La Bassée et ses environs. Paris,
Carion père, 1854, in-8° de 218 pages, avec planches.

97. DERVAUX (Louis), greffier de la mairie de Bondues:

Bondues, histoire de cette commune depuis son origine jusqu'à nos jours. Lille, L. Lefort, 1854, in-8° de 224 pages, avec
lithographies.

Cette commune porte d'or au franc-quartier de sable.

98. LEJOSNE DE L'ÉSPIERRE (Théophile):

Recherches historiques sur la commune de Santes. Lille, 1855,
1 vol. in-8°.

99. FRETIN (Charles), né le 15 juillet 1803 à Quesnoy-
sur-Deûle, où il exerce les fonctions de maire depuis le 6
août 1839. Charles Fretin est chevalier de l'ordre de la
Légion-d'Honneur:

Notes historiques touchant Quesnoy-sur-Deûle. Lille, Lefebvre-
Ducrocq, 1 vol. in-8° de 168 pages, 1855.

100. PRUVOST (Alexandre), de Tourcoing, prêtre de la
Compagnie de Jésus, professeur d'Ecriture sainte à la Fa-
culté catholique de Louvain:

Notices biographiques sur plusieurs personnes remarquables
par leur piété, originaires de Tourcoing, ou qui ont rendu des
services signalés aux habitants de cette ville. Tourcoing, Pruvost, 1854, 1 vol. in-12 de 296 pages, imprimé par Casterman,
de Tournai.

101. ROUSSEL-DEFONTAINE, négociant et maire de la ville
de Tourcoing:

Histoire de Tourcoing. Tourcoing, Mathon, 1855, 1 vol. in-8°
de 452 pages, avec lithographies.

102. DUCOULOMBIER (l'abbé Charles), professeur au collége
de Tourcoing:

Histoire du culte de la très-Sainte-Vierge à Tourcoing et spécialement de Notre-Dame de la Marlière. Tourcoing, J. Mathon, 1860, in-12 de 65 pages.

103. DERVEAUX (l'abbé C.-H.), vicaire à Comines (France) :

1° Annales religieuses de la ville de Comines. Lille, Lefebvre-Ducrocq, 1 vol. in-8° de 183 pages, avec armes coloriées.

2° La ville aux beaux clochers, son beffroi, sa maison communale. — Tombeau d'un seigneur à Bousbecques. Lille, Danel, 1859, brochure in-8° de 17 pages.

104. TIERCE, juge-de-paix du canton d'Haubourdin et conseiller d'arrondissement (Lille) :

Notes historiques sur Haubourdin et ses seigneurs Lille, E. Reboux, 1860, in-8° de 371 pages.

Si ces notes ont été goûtées, comme nous pouvons le croire sur quelques témoignages recueillis pendant le cours de leur publication[1], nous n'avons qu'un seul mot à ajouter en terminant : c'est de voir entreprendre pour d'autres villes un travail analogue. Nos villes du Nord surtout sont riches en documents historiques, souvent bien peu connus des bibliophiles. Qu'on mette en lumière ces nombreux travaux enfouis dans les bibliothèques publiques ou particulières, ce sera un véritable service rendu à la Bibliographie et à l'Histoire du pays, à laquelle nous sommes heureux d'apporter aujourd'hui notre faible tribut.

[1] Elles ont été publiées dans le *Bulletin du Bouquiniste,* chez Aug. Aubry, à Paris, du 1er mai 1859 au 15 avril 1860.

TABLE DES NOMS

CONTENUS DANS LES HISTORIENS DE LILLE.

(Les numéros indiquent les articles).

LILLE. IMP. REBOUX.